FART
ZONE

FART
ZONE

FART ZONE

FART
ZONE

FART
ZONE

FART
ZONE

FART
ZONE

FART
ZONE

FART
ZONE

FART
ZONE

FART
ZONE

FART
ZONE

FART
ZONE

FART
ZONE

FART
ZONE

FART
ZONE

FART
ZONE

FART
ZONE

FART
ZONE

FART
ZONE

FART
ZONE

FART
ZONE

FART
ZONE

FART
ZONE

FART
ZONE

FART
ZONE

FART
ZONE

FART
ZONE

FART
ZONE

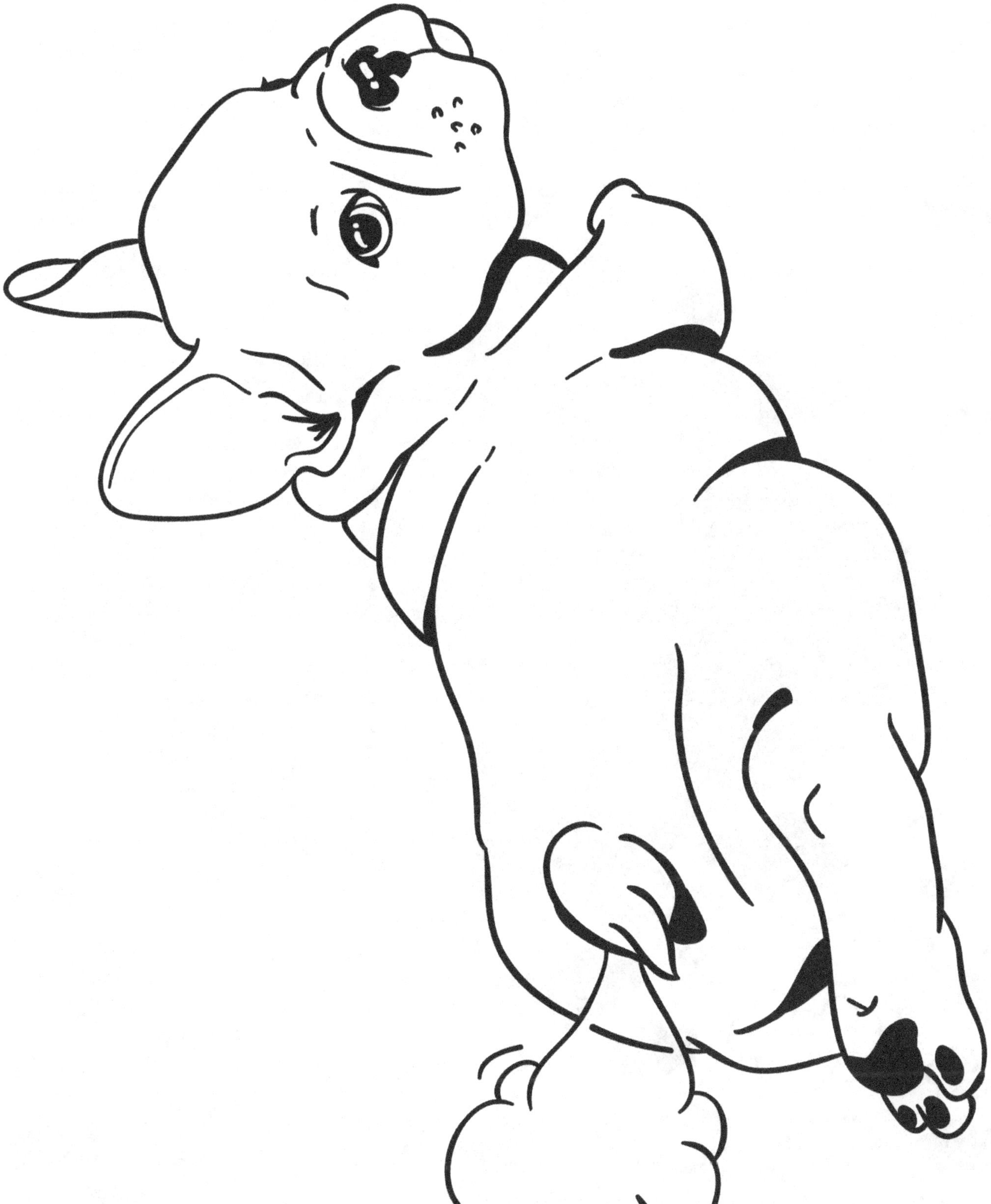

FART
ZONE

FART
ZONE

FART
ZONE

FART
ZONE

Made in the USA
Las Vegas, NV
24 November 2023

81428044R00037